Otto Keller

**Kritische Beiträge zum IV. Buch der Horazischen Oden**

Otto Keller

**Kritische Beiträge zum IV. Buch der Horazischen Oden**

ISBN/EAN: 9783744605656

Hergestellt in Europa, USA, Kanada, Australien, Japan

Cover: Foto ©Thomas Meinert / pixelio.de

Weitere Bücher finden Sie auf **www.hansebooks.com**

# KRITISCHE BEITRÄGE

## ZUM IV. BUCHE
### DER
# HORAZISCHEN ODEN.

VON

OTTO KELLER.

WIEN, 1878.
IN COMMISSION BEI KARL GEROLD'S SOHN
BUCHHÄNDLER DER KAIS. AKADEMIE DER WISSENSCHAFTEN.

Aus dem Märzhefte des Jahrganges 1878 der Sitzungsberichte der phil.-hist. Classe der kais. Akademie der Wissenschaften (XC. Bd., S. 143) besonders abgedruckt.

Druck von Adolf Holzhausen in Wien,
k. k. Universitäts-Buchdruckerei.

**Verzeichniss der in dieser Abhandlung durch Buchstaben bezeichneten Handschriften des Horaz und der Horazscholiasten.**

A′ = Parisinus A + Ambrosianus a (übereinstimmende Lesarten dieser zwei aus Einem Originale geflossenen Handschriften, resp. also des gemeinsamen Originals dieser beiden Handschriften).
A = Parisinus 7900ᵃ, einst Puteaneus.
B′ = Bernensis B + Monacensis C.
B = Bernensis 363.
C = Monacensis 14685.
D′ = Argentoratensis D + Turicensis τ.
D = Argentoratensis C VII 7. verbrannt.
F = Parisini φ + ψ.
L = Lipsiensis I 4, 38.
R = Romanus, aus Weissenburg im Elsass.
a′ = Barcinonensis a + Bambergensis b.
a = Barcinonensis, jetzt in Halle.
β = Bernensis 21.
γ = Parisinus 7975.
δ′ = Graevianus δ + Vossianus z.
δ = Graevianus, jetzt Harleianus 2725.

ε = Einsiedlensis 361.
θ = Sangallensis monasteriensis 864.
λ′ = Parisinus λ + Leidensis l.
λ = Parisinus 7972.
μ = Montepessulanus.
ν = Nienburgensis, jetzt Dessaviensis A.
π′ = Parisinus π + Lipsiensis L.
π = Parisinus 10310.
ρ = Parisinus 8072.
σ = Sangallensis oppidanus 312.
τ = die Partie Blätter des Turicensis Carolinus C, welche aus D′ geflossen ist. Andere Blätterpartien sind mit ‚Turic.‘ bezeichnet.
φ = Parisinus 7974.
ψ = Parisinus 7971.
a = Ambrosianus O 136.
b = Bambergensis.
d = Harleianus 2688.
f = Franekeranus.
g = Gothanus B 61.
h = Parisinus 7976.
l = Leidensis Lat. bibl. publ. 28.
m = Monacensis 375.
n = Parisinus Nostradamensis 184.
p = Parisinus 8214.

q   Parisinus 8216.
r   Parisinus 9345.
s   Parisinus Sorbonensis 1578.
t   = Parisinus 8219.
u'  Parisini u et v.
u   Parisinus 7973.
v   Parisinus 8213.
z   Vossianus.
Ac.' übereinstimmendes Lemma der Pseudoacronhandschrift A und einer anderen guten Pseudoacronhandschrift, gewöhnlich der Handschrift v.
Ac. = Lemma der Pseudoacronhandschrift A, wofern es von dem gegenüberstehenden Horaztexte A unbeeinflusst erscheint, also wenn es diesem widerspricht.
Acr.' = übereinstimmende Lesarten der Interpretation der Pseudoacronhandschrift A und einer anderen guten Pseudoacronhandschrift, besonders γ oder v.
Acr. — Interpretation der Pseudoacronhandschrift A.

Pph.' — übereinstimmende Lemmata der Münchner und Wolfenbütteler Handschriften des Porphyrion.
Pph.  Lemma von Monacensis Lat. 181.
Pf.   Lemma von Gudianus Lat. 85, in Wolfenbüttel.
Porph. = übereinstimmende Interpretation vom Monacensis und Wolfenbuttelanus Porphyrions.
Porph. = Interpretation des Monacensis.
Porf.   Interpretation des Wolfenbuttelanus.
schol. l' die nicht aus der älteren, kürzeren Redaction Pseudoacrons (Acr.'s) stammenden Marginalscholien in cod. γ und in einer beliebigen anderen Handschrift, welche congruente Scholien bietet, z. B. b.
gloss. l'  Interlinearglossen von cod. γ und einer beliebigen anderen Handschrift, welche congruente Glossen bietet.

Ueber die anderen handschriftlichen Quellen, welche mit Namen bezeichnet sind, wie Bruxellensis, Reginensis, Taurinensis, Zulichemianus s. Praefatio zu vol. II der kritischen Horazausgabe von 1869/70.

Was die Classeneintheilung der Handschriften betrifft, so verweise ich auf den Artikel im Rh. Mus. 1878, S. 122 ff.: ‚Ueber die Handschriftenclassen in den Carmina und Epoden des Horaz.'

## IV 1.

9. *Tempestivius in domum*
    *Pauli, purpureis ales oloribus,*
11. *Comissabere Maximi,*
    *Si torrere iecur quaeris idoneum.*

10. *Purpureis — porphyreis.*] Zu dieser Stelle bemerkt Cruquius: *Purpureis ales. Hic locus diu multumque mihi molestus*

*fuit. Primum lectionem hanc servandam omnino non dubitavi, et commentatorem nostrum satis apposite interpretari, praesertim omnibus antiquis codicibus manu scriptis in hoc consentientibus ..... Quid multis? Hoc assecutus sum, Plinium in naturali historia scribere, Cytheram olim Porphyrim nominatam: protinus in Mela eandem sententiam cum invenirem, reversus ad Bland. codices, quod antea non observaram, vidi in τῷ purpur. apertas maculas τοῦ porphy. quare sine ullo scrupulo τὸ porphyreis ut genuinam et Horatianam dictionem in sua sede statuendam putavi, allusione ad insulam Porphyrim Veneri sacram.* Keine einzige bis jetzt bekannt gewordene Handschrift hat die Lesart *porphyreis* bestätigt, und warum sollte denn nicht Venus so gut mit purpurnen Schwänen fahren dürfen als Neptun mit blauen Rossen? Horaz imitiert hier offenbar die Sappho, wo die Sperlinge purpurn sind, und zwar gerade die am Wagen der Venus. Uebrigens hatte schon Lambinus an der Ueberlieferung gerüttelt und *marmoreis* vorgeschlagen (ziemlich unglücklich, da V. 20 *marmoream* wiederkehrt): daher die Emendationslust des Cruquius, für welche er wie Muret, Marcilius, Valart, Barth und andere Gelehrte jener Zeiten gelegentlich auch einmal einen handschriftlichen Beleg fingierte. Eine Parallele in diesem Stück ist seine Anmerkung zu c. II 19, 23: *Rhecum. Sic habet cod. Bland. antiquiss. sed non sine litura* (mit dieser Phrase, wie oben mit den *apertae maculae* sucht er offenbar sein Gewissen zu salvieren): *quam lectionem servandam esse habemus ex Apollodoro lib. 3.* In unseren Handschriften ist *Rhoetum* so gut bezeugt, dass es sicher im Archetyp stand: keine einzige von all den vielen Handschriften, welche uns zu Gesicht gekommen sind, hat *Rhecum* oder überhaupt ein *c* statt des *t*. Wer also überhaupt die Ehrlichkeit des Cruquius, welche bis vor wenigen Jahren für die tonangebenden Horazkritiker eine Art Glaubensartikel war, als discutierbar betrachtet, der wird hier zugeben müssen, dass es sehr den Anschein hat, als habe Cruquius einfach fingiert, dass eine von ihm selbst aus Apollodor geschöpfte Emendation in seiner damals, als er diess drucken liess, schon verbrannten Handschrift halb und halb gestanden sei. Das Gleiche ergiebt sich für jeden, der unbefangen an die Frage herantritt, bei Betrachtung seiner Anmerkung zu c. III 8, 5: *Docte sermones .... Sermonis in Bland. codicibus* per *I maiusculum scriptum est, quod fere vel eis vel es notat. Ceteri scripti habent sermonis.* Ich kenne die Handschriften nicht, in welchen das lange I durch ein *I maiusculum* bezeichnet wird. Dass da und dort ein grosses I bei sonstiger Minuskelschrift sich findet, ist ja bekannt. Aber seit wann wird es in den Handschriften zur Unterscheidung des langen I vom kurzen oder gar vollends zur Bezeichnung von e verwendet? Und warum muss es nach Cruquius zur Bezeichnung von e dienen? Weil in c. III 8, 5 eben ein e nothwendig ist und also auch in den blandinischen Handschriften ein e überliefert sein muss. Das ist in der That eine Basis für die Horazkritik, diese blandinischen Handschriften und diese cruquischen Collationen und Fictionen: *difficile est satiram non scribere!* Und wie ist man über uns hergefallen, weil wir es einst wagten, gegen das Evangelium von Haupt und seinen Anhängern aufzutreten! Wahrhaftig, Th. Bergk hatte nicht Unrecht, wenn es auch vielleicht stark ausgedrückt war, wenn er sagte: „Die Angaben des Cruquius über die von ihm benützten Handschriften des Horaz beruhen zum Theil auf Fälschung: wie man darauf die Kritik des Dichters basieren kann, ist mir nie begreiflich erschienen. Mir fällt nicht ein, die Existenz jener Handschriften oder ihre Benützung durch Cruquius zu leugnen, sondern ich behaupte nur, dass man darauf nicht die Kritik im Horaz gründen dürfe, weil sich sowohl in den Angaben der Lesarten als auch in den Scholien bei Cruquius handgreifliche Fälschungen finden".[1]

---

[1] Ich habe im Vorstehenden eine Bemerkung mir zu wiederholen erlaubt, welche ich schon vor Jahren im Rheinischen Museum gelegentlich veröffentlicht habe. Ich glaubte sie hier ergänzt und modificiert und doch wesentlich gleich der früheren Fassung wiederholen zu müssen, um nicht in den Verdacht zu fallen, als ob ich hier absichtlich an einer Hauptbeweisstelle gegen die Zuverlässigkeit des Cruquius vorübergehe, weil ich von der Unrichtigkeit meiner alten Ansicht durch die verschiedenen Einwürfe, welche man mir gemacht hat, überzeugt sei. Allein jene Einwürfe, besonders von Zangemeister, betrafen nur Nebensachen, und nachdem ich alles wieder auf das reiflichste und gewiss ohne jede Parteilichkeit und unter Benützung eines grösseren Materials als damals erwogen habe, komme ich doch wieder auf jenen Standpunkt zurück, den ich damals einnahm, und manche der folgenden Bemerkungen werden eben dazu dienen, gleichfalls die Unsicherheit und Werthlosigkeit

19. *Albanos prope te lacus*
   *Ponet marmoream sub trabe citrea.*
21. *Illic plurima naribus*
   *Duces tura, lyraeque et Berecynthiae*
23. *Delectabere tibiae*
   *Mixtis carminibus non sine fistula.*

22. 23. *Lyrae* ... *Berecynthiae* ... *tibiae.*] So stand sicher im Archetyp; denn für *lyrae* und *Berecynthiae* sind alle unsere Haupthandschriften, und *tibia* steht nur in cod. φ, *tybia* in R: also ist die allergrösste Wahrscheinlichkeit, man könnte wohl sagen Gewissheit, dass *tibia* erst spät in einer Handschrift der ᐧIII. Classe entstanden ist und zwar kann *tibia* vom Abschreiberstandpunkt sehr wohl als *lectio facilior* angesehen werden, weil es neben *delectabere* steht; aus *delectabere tibine* konnte in der oberflächlichen Manier zu corrigieren, wie sie in den Klöstern zu Anfang des Mittelalters vielfach herrschte, ohneweiters *delectabere tibia* gemacht werden, indem die Construction des ganzen Satzes nicht überblickt und erfasst wurde, gerade wie sonst gegen jedes Gesetz des Versmaasses unbedenklich gesündigt wird. — Also die erste Veränderung war *delectabere tibiae* zu *tibia* (in φ R nebst p p ɔ g und Bland. vetust.), diess zog dann weiter die Aenderungen *Berecynthia* und *lyra* nach sich, weil ohne diese weiteren Aenderungen die Construction an offenbaren Fehlern litt; so entstanden allmählich die drei Varianten: *lyra*, *Berecynthia*, *tibia*. Diese dreifache Variante findet sich nur in g und dem Blandinius vetustissimus, welche beide Handschriften auch c. I 15, 2 die falsche, entschieden secundäre Variante *Helenam* bieten. Beidemale (c. I 15 und hier) theilt noch cod. α die Corruptelen, nur bietet er hier *berecinthię*: damit scheint mir der Versuch gemacht zu werden, bloss *tibine* und *lyrae* abzuändern, bei *Berecynthiae* aber die Lesart des Archetyps zu erhalten, indem man construierte: die Flöte der (Göttin) *Berecynthia*.

Durch die Verehrung von Bentley und auch Meineke, welche beide die falsche Lesart protegierten, und durch den

---

jener einstigen Hauptbasis der Horazkritiker, des Cruquius und seiner blandinischen Handschriften, resp. seiner Collationen der blandinischen Handschriften, überzeugend nachzuweisen.

verblendeten Cultus des Bland. vetust. sind manche sonst sehr
besonnen vorgehende Herausgeber veranlasst worden, hier ohne
alle Noth vom Archetyp abzugehen. Ja es entsteht sogar durch
Aufnahme der falschen Ablative eine empfindliche Kakophonie,
indem dann V. 20. 22. 23. 24 auf â ausgehen: *citreâ, Berecynthiâ, tibiâ, fistulâ*. Man sollte doch ähnliche Beispiele bei
Horaz suchen, ehe man etwas derartiges dem so viel auf die
Form, die Abwechslung und den schönen Klang der Worte
haltenden Odendichter imputiert. Sehr richtig bemerkt Schütz:
‚*Lyrae* und *Berecynthiae tibiae* sind Dative, von *mixtis* abhängig; statt eines dritten Dativs ist dann in veränderter
Structur *non sine fistula* gesetzt: also ein Concert von Leier,
Flöte, Schalmei, dazu noch V. 24 Gesang und V. 25 ff. Tanz.
Der ... Ablativ *lyra* und *tibia* lässt sich freilich mit *delectabere* leichter vereinigen, aber dann müsste man *mixtis carminibus* unbeholfen als *ablativus absolutus* fassen. Vgl. c. IV 15, 30'.
Also auch diese Erwägungen sprechen gegen die Bentley-
Meineke'sche Lesart.

IV 2.

1. *Pindarum quisquis studet aemulari,*
   *Iule, ceratis ope Daedalea*
3. *Nititur pinnis, vitreo daturus*
   *Nomina ponto.*

2. Für die Lesart des Archetyps *Iule* (*Iulle* steht nur in
der III. Classe) setzen Peerlkamp, Meineke, Müller, Lehrs,
Eckstein *Ille*. Allein man kann sich schwer vorstellen, wie
aus dem ordinären *Ille* durch einen Schreibfehler *Iule* geworden
sein sollte, also die entschiedenste lectio facilior in die entschiedenste lectio difficilior sich verwandelt hätte. Zweitens
kommt mir diese Anwendung von *ille* ganz unpassend, unlateinisch und speciell unhorazisch vor: *Pindarum quisquis
studet aemulari, ille* ... Ich kann diese Verwendung von *ille*
absolut nicht begreifen; gut lateinisch ist bloss nichts zu
zu setzen, wie es auch Horaz nach dem Archetyp gemacht
hat; *ille* scheint mir stilistisch unmöglich. Jedenfalls müssen
wir verlangen, dass Peerlkamp's Anhänger Beweise für eine

solche Anwendung von *ille* beibringen. Wenn nun weiter behauptet wird, Antonius habe nicht Iulus, sondern Iulius geheissen, so spricht ausser dem Archetyp des Horaz auch Dio Cassius dagegen: denn dieser nennt ihn an einer ganzen Reihe von Stellen gleichfalls Ἰουλος.

> 5. *Monte decurrens velut amnis, imbres*
> *Quem super notas aluere ripas,*
> 7. *Fervit inmensusque ruit profundo*
> *Pindarus ore.*

6. *Quem ... aluere — Cum ... saliere*] die I. und II. Classe, Mavortius (A λ' g), die u' Familie und Acr.' haben *Quem aluere*, was also sicher bezeugt ist. Aus *Quem super notas aluere ripas* wurde durch Verdoppelung des schliessenden *s* von *notas: Quem super notas saluere ripas* (cod. L); daraus durch leichte Conjectur *Cum ... saluere* (F) und weiter *Cum ... saliere* (δπ). Somit ist *Cum ... saliere* die späteste, von der Wahrheit am weitesten entfernte Lesart. So stand unter Anderem im vielverehrten *Bland. vetustissimus:* ‚*Quum ... saliere*' nach der Ausgabe von 1565, p. 32. Dem *alere* entspricht *nutrire* bei Senec. Herc. fur. 933 f.:

> *Nullus hiberna nive*
> *Nutritus agros amnis eversos trahat.*

Aehnlich *augere* bei Ovid. fast. II 219.

> 33. *Concines maiore poeta plectro*
> *Caesarem, quandoque trahet ferocis*
> 35. *Per sacrum clivom merita decorus*
> *Fronde Sygambros.*

36. Statt *Sygambri* schreiben Orelli und Dillenburger *Sugambri*. In den Handschriften des Horaz ist kein *u*, sondern stets *y*, viel schwächer *i*, überliefert. Ebenso haben wir die Form *Syg...* bei Orelli-Henzen 6704, bei Ptolemäus, bei Dio Cassius LIV 20; bei Florus IV 12 *Sic...* Bei Renier I. A. 3889 steht *Sigambrorum*. Hier, c. IV 2, 36 sind allerdings in cod. R die Buchstaben *sy* von zweiter Hand; aber ob die erste Hand *su* gehabt hat, ist sehr zweifelhaft. Der

Name des am Niederrhein, bei der Sieg wohnenden Volksstammes rührt höchstwahrscheinlich von dem uralten Flussnamen Sieg her. Gerade die Fluss- und Gebirgsnamen gehen in die graueste Vorzeit zurück. Ueber den anderen Theil des Namens, in welchem der gleichfalls uraltdeutsche (keltogermanische) Flussname *Amber, Ammer* steckt, siehe Bacmeister's alemannische Wanderungen. Es ist um so gewagter, das *y* des Archetyps abzuändern, als aus den bei Schuchardt Vulgärlat. II 231 zusammengestellten Beispielen hervorgeht, dass die Form mit *u*, welche in den keineswegs alten Tacitushandschriften und bei Renier I. A. 3938 steht, gegenüber der von *y* sehr wohl die secundäre sein kann, vgl. *Symeon* in den ältesten Codd. des Neuen Testaments, *Sumeon* erst sehr spät (neuntes Jahrhundert), Schuchardt a. a. O. 225.

45. *Tum meae, siquid loquar audiendum,*
    *Vocis accedet bona pars, et 'o Sol*
47. *Pulcher, o laudande' canam recepto*
    *Caesare felix.*
49. *Tuque dum procedis, io triumphe!*
    *Non semel dicemus, io triumphe!*
51. *Civitas omnis, dabimusque divis*
    *Tura benignis.*
53. *Te decem tauri todidemque vaccae,*
    *Me tener solvet vitulus, relicta*
55. *Matre qui largis iuvenescit herbis*
    *In mea vota.*

49. *Teque dum procedis — Tuque dum procedis.*] Ich habe früher *teque*, die Ueberlieferung aller Handschriften und der Scholien, vertheidigt und die Worte aufgefasst als an *Triumphus*, den personificierten Triumph, gerichtet. Vgl. cpod. 9, 21: *Io Triumphe, tu moraris aureos currus et intactas boves.* Liv. XXVIII 9: *Uno equo per urbem verum Triumphum vehi Neronemque etiam, si pedibus incedat . . . gloria memorabilem fore.* So lesen und erklären auch Obbarius, Dillenburger, Munro und Andere. Ich muss aber heute diese Lesung und Deutung für unmöglich erklären. In der ganzen Ode ist niemand anderer als *Antonius Iulus* angeredet, und es kann um so weniger hier plötzlich ein

Anderer mit Du eingeführt werden, weil gleich in der folgenden Strophe:

> Te decem tauri totidemque vaccae,
> Me tener solvet vitulus, relicta
> Matre qui largis iuvenescit herbis
> In mea vota.

ganz klar wieder *Antonius* angeredet wird. Ein solches Herumspringen von einer angeredeten Person zur andern, ohne dass im V. 53 irgend eine Andeutung gegeben wäre, dass hier nicht der eben angeredete *Triumphus*, sondern wieder der früher angeredete *Antonius* gemeint sei, ist durchaus unmöglich; *nusquam Horatius tanta laborat obscuritate*. Man hat vielmehr die alte Emendation (am frühesten liegt sie vor im Argentor. II im Parisinus $s_1$ und in Vanderbourg's cod. Parisinus T) *Tuque* statt *Teque* zu acceptieren und die Entstehung des kleinen Ungenauigkeitsfehlers zu erklären aus einem Vorausirren des Auges auf den Anfang der Strophe *Te decem* . . . Mit dieser kleinen Aenderung erhalten wir die gleichmässige Anrede an *Antonius Iulus* im ganzen Gedichte und damit die echt horazische Klarheit der Anordnung. Allerdings bleibt eine kleine Schwierigkeit, nämlich die Einschiebung der Worte *Non semel dicemus* zwischen die beiden zu ihnen sich als Objecte verhaltenden Ausrufe: *io triumphe! io triumphe!* Allein es ist ja eine bekannte Thatsache, dass auch *dicere* wie *inquit* von den Dichtern zwischen die verba ipsissima eingeschoben werden kann, c. III 27, 35. Zumpt §. 801. Ganz besonders lässt sich vergleichen Ovid. trist. IV 2, 47 ff.:

> Hos super in curru, Caesar, victore veheris
> Purpureus populi rite per ora tui:
> Quaque ibis, manibus circumplaudere tuorum,
> Undique iactato flore tegente vias.
> Tempora Phoebea lauro cingentur ,io'que
> Miles ,io' magna voce ,triumphe.' canet.

Also bleibt schliesslich kein Bedenken gegen die Auffassung der Worte: Und während du, Antonius, beim Triumphzuge des Augustus vorangehst, nämlich als Prätor (vgl. Ritter zu dieser Stelle), der auch das Festmahl auf dem Capitol zu bereiten hat, rufen wir, die ganze römische Bürgerschaft, am Triumphzuge theilnehmend, unzähligemal: *Io triumphe! Io triumphe!* Ein nescio quis bei Jani, sowie Meineke und L. Müller lesen *Atque dum procedit*, was auf Augustus bezogen einen hübschen Sinn gibt; aber die Aenderung von *Teque* in *Atque* ist gewaltsamer, als die von uns vorgezogene, es erklärt sich auch die Entstehung des Fehlers *Teque* nicht so einfach, wie bei *Tuque*; dann ist *procedit* bloss in BC, also entschieden schwach bezeugt. Man hat auch versucht, *Teque* zum vorhergehenden zu ziehen und nach *teque* einen Punkt zu setzen *(Canam, recepto Caesare felix teque*. Bothe; Fea liest wie wir *tuque*). Aber diess ist aus rhetorischen Gründen zu verwerfen, weil dann *teque* hinten nachhinken und der Satz damit förmlich abschnappen würde. Bentley's Vorschlag, *Isque dum procedit* zu lesen, ist gegen den Ton der horazischen Lyrik. Die beigebrachten Parallelen aus Vergil, wo *Isque* den Vers beginnt, beweisen nur für den Gebrauch im erzählenden Gedichte. Hier an unserer Stelle wäre *Isque* ausserordentlich frostig und poesielos.

50. Statt *non semel* wollen mehrere (Schütz, Jeep und Andere) *nos simul* lesen; Andere schlagen die archaische — hier gewiss als unmotivierter Archaismus abzuweisende — Form *semol* vor (Pauly, Fröhner, Linker). Diese Aenderung erscheint überflüssig, ja unpassend, wenn wir *procedis* in dem allein nachzuweisenden Sinne wirklichen Vorausschreitens nehmen. Dagegen würde sie einen sehr hübschen Sinn geben, wenn *procedis*, wie es Manche thun (z. B. Th. Kayser), aufgefasst werden dürfte im Sinne von *praeire* = vorsagen, vorangehen mit Worten. Schütz denkt auch an *praecedis* oder gar an *praeibis*. Aber auch für *praecedere* ist die tropische Bedeutung von *praeire* nicht erweislich, und *praeibis* dürfte eine zu gewagte Veränderung der überlieferten Buchstaben sein. Ich möchte entschieden an der oben auseinandergesetzten Lesung und Auffassung festhalten.

IV 4.

13. *Qualemve laetis caprea pascuis
Intenta fulvae matris ab ubere*

15. *Iam lacte depulsum leonem*
   *Dente novo peritura vidit:*
17. *Videre Raeti bella sub Alpibus*
   *Drusum gerentem Vindelici (quibus*
19. *Mos unde deductus per omne*
   *Tempus Amazonia securi*
21. *Dextras obarmet, quaerere distuli;*
   *Nec scire fas est omnia), sed diu*
23. *Lateque victrices catervae*
   *Consiliis iuvenis revictae*
25. *Sensere, quid mens rite, quid indoles*
   *Nutrita faustis sub penetralibus*
27. *Posset, quid Augusti paternus*
   *In pueros animus Nerones.*

15. Statt *iam lacte* sind schon alle denkbaren und undenkbaren Conjecturen vorgeschlagen worden, von Lachmann z. B. ‚*iam (macte!)*'. Am einfachsten ist wieder ein Strophenauswerfer zu Werk gegangen, Prien, der im Rh. Mus. XIII 352 ausser vielen anderen Strophen auch diese für interpoliert erklärt. Der Sinn ist aber ganz klar und einfach: Dem Löwen gleich, den auf der fetten Trift arglos weidend das Reh erschaut, um schon zu sterben von dem Zahn des kaum der Milch und Brust der gelben Mutter entwöhnten Thieres; so schauten Drusus, als er am Fuss der Alpen Krieg führte, die vindelicischen Rätier. *Iam* steht = *modo* = kaum, erst. Vgl. die Nachahmung der Stelle bei dem bekannten Nachahmer des Horaz Prudentius, peristeph. X 662 ff.:

*Amplexus unum de caterva infantium*
*Parvum nec olim lacte depulsum capi*
*Captumque adesse praecipit.*

Unlateinisch wäre es auch mit Hülsenbeck (Berliner Zeitschrift für Gymn. XVIII 709 — 712) *ab ubere* als Zeitbestimmung zu fassen. So weit ich die Phrase verfolgen kann, sie steht nie so, sondern immer abhängig von *depelli* (Verg. Georg. III 187) oder *rapi* (Stat. Achill. II 184. Martial. IX 8, 3. Claudian. in Eutrop. I 45).

Ausserdem stellt Hülsenbeck die merkwürdige Emendation *adulterae* statt *ab ubere* auf. Vielleicht ist auch mancher geneigt, der folgenden Bemerkung von Schütz beizupflichten: ‚In der überlieferten Lesart liegt nichts Bedenkliches ausser der von Bentley getadelten Wortfülle *ab ubere depulsum* und dazu noch *lacte*. Ist das wirklich ein Grund zur Verdächtigung? Eine ähnliche Wortfülle ist z. B. c. I. 37, 9; wenn man will, auch c. IV 1, 24 und öfter. *Lacte depelli* [wie schon Jani sagt] ist zu Einem Begriff geworden, zu dem *ab ubere* immerhin überflüssiger, aber doch nicht falscher Weise [*ornatus et copiae causa* sagt Jani] hinzugefügt ist'. Allein es ist sehr möglich, dass wir schon damit zu viel zu Ungunsten des Dichters einräumen; er wollte eben vielleicht den Begriff ‚der Milch' entwöhnen nicht entbehren und doch auch die Löwenmutter beschreiben; dann war *ab ubere* unentbehrlich, weil Horaz doch nicht zu *lacte* einen Genetiv *(matris)* fügen konnte. — Düntzer, wie schon Xylander, Chabot und Gesner, will *uber lac* zusammennehmen, sagt aber in demselben Athem, es schwebe dem Horaz Verg. Georg. II (l. III) 187 vor: *Iam primo depulsus ab ubere matris*. Je wahrscheinlicher letztere Behauptung ist, um so unwahrscheinlicher ist die erstere, dass nämlich Horaz bei seiner Nachahmung die ihm vorliegenden Worte *ab ubere* so verdreht hätte, dass sie nicht mehr vom Euter, respective von den Zitzen weg, sondern von dem reichlichen ... weg bedeuten sollten. Wo bei einem auf Klarheit Anspruch machenden Autor von Milch die Rede ist, wird *uber, uberis, uberi, ubere* niemals reichlich, sondern stets Euter bedeuten. Eine wunderschöne Parallelstelle haben wir bei Statius Theb. IX 739 ff.:

> *Ut leo cui parvo mater Gaetula cruentos*
> *Suggerit ipsa cibos, cum primum crescere sensit*
> *Colla iubis torvusque novos respexit ad ungues,*
> *Indignatur ali tandemque effusus apertos*
> *Liber amat campos et nescit in antra reverti.*

## IV 4, 17.

17. Statt *Raeti*, wie jedenfalls im Archetyp stand, und wie auch Acr.' las, ist seit Nic. Heinsius und Bentley die

Emendation *Raetis* in Schwung gekommen. Mag die Lesart *retis* in einem ‚manuscriptum exemplar Rottendorphii‘ gestanden haben oder nicht: keinenfalls gehört die Lesart dem Archetyp an; denn alle von uns eingesehenen Handschriften haben kein *s*. Sofern aber Tacitus von den rätischen Alpen, niemand dagegen von den vindelicischen Rätiern spricht, hat allerdings des N. Heinsius Conjectur viel für sich. Allein es scheint mir doch zu unsicher, ob Horaz wirklich die Rätier und Vindelicier auseinander gehalten hat. Er verwahrt sich ja im Folgenden ausdrücklich gegen ethnographische Gelehrsamkeit, und auch Martial scheint beide Völkerstämme nicht als verschieden angesehen zu haben, IX 84, 5: *Me tibi Vindelicis Raetus narrabat in oris*. Wahrscheinlich hielt Horaz die Vindelicier für einen Theil der Rätier. Und dass *sub Alpibus* keines weitern Epithetons bedürftig ist, wird niemand bezweifeln, vgl. Lucan. I 302: *Hiemesque sub Alpibus actae*. Ich möchte vermuthen, Bentley würde seine Vertheidigung der Heinsius'schen Conjectur, welche von ausserordentlichem Einfluss auf die Horazkritiker gewesen ist, gar nicht unternommen haben, wenn er sich nicht hinsichtlich der Handschriften getäuscht hätte. Er glaubte nämlich, wenn hinter dem *reti* oder *raeti* ein Buchstabe ausradiert war, dieser ausradierte Buchstabe sei ein *s* gewesen; allein es war ein zweites *i*. Uebrigens haben auch schon die Mönche an dem *Raeti Vindelici* Anstoss genommen und wir finden in den Handschriften v und q. also nicht vor dem zwölften bis dreizehnten Jahrhundert, V. 18 zwischen *gerentem* und *Vindelici* ein *et* eingeschoben. Diese Emendation, welche in vielen alten Ausgaben gedruckt im Texte steht, ist höchst bedenklich, weil sich Horaz im IV. Buche sehr hütet, lange Vocale zu elidieren.

18 — 22. *Quibus e. q. s.* — *omnia* werden von Vielen (Lambin, Guyet, Buttmann, Peerlkamp, Meineke, Linker, Gruppe und Andern) für eine Interpolation gehalten. Diese müssen dann *sed* in *et* verwandeln und verfallen somit in den eben gerügten prosodischen Fehler: *Vindelic(i) et diu*. So etwas darf dem IV. Buche nicht durch Conjectur imputiert werden. Die Verse passen aber ganz köstlich in den Zusammenhang. Nicht eine gelehrte Abschweifung soll es sein, wie Ritter meint,

der zur Entschuldigung ‚*digressionem non minus sobriam et critico dignam*' aus Pindar Ol. 1, 28 — 42 citiert, sondern eine kleine Neckerei gegen Tiberius, der seine Hofgelehrten mit zum Theil absurden antiquarischen Fragen quälte. (Weil in Jahn's Jahrbüch. 1855, S. 720.) Sueton. Tib. c. 70: ‚Das grösste Interesse jedoch hatte er für Mythologie und gieng darin bis zum Läppischen und Lächerlichen. So stellte er die Sprachgelehrten, Leute mit denen er besonders gerne verkehrte, durch Fragen folgender Art auf die Probe: Wer die Mutter der Hecuba gewesen? Wie Achill unter den Mädchen geheissen? Was die Sirenen gewöhnlich für Lieder gesungen? Und am ersten Tage, wo er nach dem Ableben Augusts die Curie betrat, brachte er, um gleichzeitig der kindlichen Liebe und der Religion genug zu thun, unter Berufung auf Minos Vorgang, der es vor Alters beim Tode seines Sohnes ebenso gemacht, ein Opfer mit Weihrauch und Wein, aber ohne Flötenbegleitung dar'.

29. *Fortes creantur fortibus et bonis:*
    *Est in iuvencis, est in equis patrum*
31. *Virtus, neque inbellem feroces*
    *Progenerant aquilae columbam.*

29. Mavortius (Αλ'γς) interpungierte hier unrichtig nach *fortibus* statt nach *bonis*. Ebenso unrichtig Fea. Auch Servius scheint nach *fortibus* interpungiert zu haben; denn sein Citat zu Verg. Aen. I 590 schliesst mit *fortibus. Fortis bonusque* ist eine stehende Redensart, somit ist es absolut sprachwidrig, die Worte *Fortes creantur fortibus et bonis* zu zerreissen und mit *et bonis* einen zweiten Satz zu beginnen. Vgl. epist. 1 9, 13: *Et fortem crede bonumque.* Cic. pro Milone 2, 4 zweimal: *de bonis et fortibus viris* und *erga fortis et bonos civis.*

37. *Quid debeas, o Roma, Neronibus,*
    *Testis Metaurum flumen et Hasdrubal*
39. *Devictus et pulcher fugatis*
    *Ille dies Latio tenebris,*
41. *Qui primus alma risit adorea,*
    *Dirus per urbes Afer ut Italas*
43. *Ceu flamma per taedas vel Eurus*
    *Per Siculas equitavit undas.*

43. *Vel Eurus — per Euros — et Eurus*] I. (γ R L α und vielleicht auch π₁) und II. Classe *vel Eurus*. III. Classe *et Eurus* (δ' b u') und *per Euros* (F ρ p). Wahrscheiulich gieng diess so zu, dass in den Worten *per taedas vel eurus per siculas* durch Nachlässigkeit eines Schreibers *vel* in *per* verwandelt wurde. Hieraus ergab sich nun der nackte Unsinn, den der eine Mönch, indem er *per* für richtig hielt, in *per euros*, der andere, indem er *eurus* für richtig hielt, in *et eurus* verbesserte. Da keiner von beiden ein zweites Horazexemplar zur Emendation verwenden konnte, so rietben beide falsch, jeder in seiner Art. So entwickelten sich die Lesarten *vel eurus*, \**per eurus*, *per euros* und *et eurus*. Am einfältigsten hat seine Besserung wieder der Urheber der F-Familie gemacht.

c. IV 5.

29. *Condit quisque diem collibus in suis,*
*Et vitem viduas ducit ad arbores;*
31. *Hinc ad vina redit laetus et alteris*
*Te mensis adhibet deum.*

31. *redit — venit*] *venit* bloss in δ' Lu, also entschieden schlechter bezeugt, als *redit*. Letzteres ist ausserdem als lectio difficilior durchaus vorzuziehen. Unbegreiflicher Weise hat wieder Bentley *venit* in Schutz genommen.[1] Es ist gerade so falsch, wie epist. II 2, 22 die Variante *veniret* (auch wieder in der III. Classe: F λ' δ' var. v) für *rediret*. Beide Aenderungen haben den gleichen Grund, nämlich das Missverstehen von *redire*, wenn es einmal etwas anderes bedeutet, als ‚zurückkehren'. Im Apparat der Epistelstelle sieht man deutlich den Hergang. Die Interlinearglossen schrieben zunächst, um anzuzeigen, dass der Begriff ‚zurück' hier nicht in dem Worte liege, über *rediret*: ‚idest veniret' (gloss. Γ) und hier über *redit*: ‚idest venit'. Dann kam diese Glosse als Glossem in den Text. Der Archetyp hatte an beiden Stellen noch *redire*, denn beidemal ist nur ein Bruchtheil, wenn auch ein bedeutender, der III. Classe für *venire*.

---

[1] Auch Jani wundert sich darüber und bemerkt: Quid non critica cogis pectora, novitatis amor? Leider sehr wahr.

IV 6.

9. *Ille, mordaci velut icta ferro*
*Pinus aut inpulsa cupressus Euro,*
11. *Procidit late posuitque collum in*
*Pulvere Teucro.*

10. *inpulsa — inpressa*] *inpulsa* I. und III. Classe, *inpressa* II. Classe inclusive Mavortius (A λ'), nebst u. *Inpulsa* ist also besser bezeugt. *Inpressa* ist offenbar unter Einfluss des folgenden Wortes *cupressus* entstanden, aber schon wegen der Kakophonie höchst schwerlich dem Horaz zuzuschreiben. Es war eine Verschreibung, welche bereits dem Mavortius in seiner Handschrift vorlag, daher findet es sich auch in u. Eine absichtliche Aenderung kann die Variante nicht wohl sein. Sie findet sich übrigens auch sonst, z. B. Petron. c. 119 v. 3: *pressa* gleichfalls als unrichtige Variante zu *pulsa*. Ovid. am. I 6, 51: *Inpulsa est animoso ianua vento*.

13. *Ille non inclusus equo Minervae*
*Sacra mentito male feriatos*
15. *Troas et laetam Priami choreis*
*Falleret aulam.*

14. Aus *Sacra mentito* machen F ρ mit gewohnter Neigung zu den pinselhaftesten Veränderungen *Sacramento*. Sicherlich dachte der fromme Klosterschreiber an die heiligen Sacramente. In ähnlicher Anwandlung schrieb im letzten Verse des erotischen Gedichtes III 9 ein Mönch zuerst *amen* statt *amem* (cod. b); ein anderer machte c. IV 5, 35 aus *Castor* einen *pastor* (cod. p\), ein anderer (? ante ras.) aus *Hebrum* einen *Hebreum* (Hebräer!) c. III 25, 10; c. II 17, 8 ist *ille dies* (der Todestag ist gemeint) in cod. z umgestellt zu *dies ille* nach dem Liede auf den jüngsten Tag *dies irae, dies illa*. c. IV 8, 25 erfand ein Mönch *ereptum Stygiis fluctibus aequum*, den Gerechten, statt *Aeacum* (III. Classe); c. III 18, 12 ist durch den Einfluss einer Jesaiasstelle eine Variante in die III. Classe gekommen:

*Festus in pratis vacat otioso*
*Cum bove pardus*

statt *pagus;* vgl. Jesai. 11, 6: *Habitabit lupus cum agno et pardus cum haedo accubabit.* Sehr nach einer mittelalterlichen Klosterzelle sieht auch die Variante c. IV 5, 37 aus: *rex* statt *dux*, weil Augustus wohl König, aber nicht ‚Herzog' gewesen. *Idumeneus* c. IV 9, 20 in v ist wieder eine Verschreibung alttestamentlichen Ursprungs: denn der fromme Schreiber wusste weniger von der Ilias, als von den Edomiten *(Idumaei)*. Der Schreiber von q verwandelte den *Chrysippus* epist. I 2, 4 in den heiligen *Christophorus*, der von ς in den *Crispinus;* der Schreiber der vierten Leipziger Handschrift verbesserte c. III 17, 7 die *Marica* in die Jungfrau *Maria*. Merkwürdig ist es auch, dass epod. 17, 58 ein Mönch aus Verehrung für den Papst das Wort *pontifex* durch ganz grosse Buchstaben ausgezeichnet hat: *PONTIFEX* (cod. b), obgleich das unmittelbar folgende schlimme Wort *venefici* dazu gehört; es war freilich damals eine relativ harmlose Zeit, lange vor den Tagen der Borgia.

## IV 6, 17.

17. *Sed palam captis gravis, heu nefas heu!*
    *Nescios fari pueros Achivis*
19. *Ureret flammis, etiam latentem*
    *Matris in alvo:*
21. *Ni tuis victus Venerisque gratae*
    *Vocibus divom pater adnuisset*
23. *Rebus Aeneae potiore ductos*
    *Alite muros.*

17. *captis — victor]* *captis* I. und II. Classe inclus. R λ', also die ganze I. und die ganze II. Classe haben *captis* (= den im offenen Kampfe besiegten Troern). Die III. Classe exclus. u'-Familie hat das Wort ausgelassen; u' hat *victor*. Hier ist der Hergang der Verderbniss völlig klar: *captis* fiel durch Zufall im Urcodex der III. Classe aus und die Lücke wurde in der Urhandschrift der u'-Familie ohne Zuhilfenahme einer zweiten Horazhandschrift durch Conjectur ergänzt. Diese Conjectur selbst entstand aus einer Reminiscenz an V. 3, wo *victor* vorkam. — Zu *captis gravis* ist eine Parallele Senec. Troad. 987: *Quis arbiter crudelis et miseris gravis*. Conjecturen wie *captor* statt *captis* (Düntzer) sind völlig überflüssig.

21. *victus — flexus*] *Flexus* ist einfach eine erklärende Interlinearglosse von gloss. Γ und steht in keiner unserer Horazhandschriften im Texte. Nur in den berüchtigten Blandinius vetustissimus ist sie eingedrungen, und daher haben sich komischerweise Viele (unter Andern auch Bentley) eingeredet, es sei die echte horazische Lesart.[1] Nicht leicht lässt sich von einer Variante so eclatant beweisen, dass sie ein Glossem ist, als von dieser!

25. *Doctor argutae fidicen Thaliae,*
 *Phoebe, qui Xantho lavis amne crinis,*
27. *Dauniae defende decus Camenae,*
 *Levis Agyieu.*

25. Statt *argutae* taucht in einigen Handschriften der dritten Classe die Variante *argivae (achivae* in v) auf, in π b s; und in δ z u′ l p übergeschrieben. Da diese dem Archetyp nicht angehörige Variante auch im sogenannten Blandinius vetustissimus gestanden haben soll, ist sie von dessen Verehrern theilweise vorgezogen worden. Die Sache hat sich einfach so entwickelt, dass aus *argutae arguae* durch Verwischung des Horizontalstriches oben am τ hervorgegangen ist. *Argutus* braucht Horaz auch sonst = mit heller, klarer, lauter Stimme begabt, vom Fuhrknecht, epist. I 14, 42. Vgl. auch Colum. IX p. 372 Bip.: *Valles argutae, quas Graeci* ἠχούς *vocant.* Aehnlich steht *acuta* c. III 4, 3 vom Gesang der Musen. Dass hier die Lesart des Archetyps ganz gut passt, ist einleuchtend.

28. *Agyieu — Agileu*]. Die Lesart *Agileu* oder *Agyleu* an sich gibt durchaus keinen Sinn. *Agylleu* aber, was Burmann und Cruquius in sehr künstlicher Weise auf den griechischen Namen von *Caere* zurückleiten wollten (unter Berufung auf Strabo V p. 220), steht nicht in den Handschriften, kann somit keinenfalls als Lesart des Archetyps angesehen werden, sondern die Verdoppelung des *l* wäre einfach eine gewaltsame Aenderung des überlieferten Textes. Ferner ist nun weder von einer besondern Verehrung Apollos zu *Caere,* noch von dem Beinamen *Agylleus* irgend etwas bekannt. Die blandinischen Handschriften sollen zwar alle *agylleu* geboten haben; diess ist aber um so

---
[1] ,Quia, qui adnuat, eo ipso flectatur (haud dubio ob inclinatam cervicem); quo vix quidquam miserius dici poterat.' Jani.

mehr zu bezweifeln, als nach einer früheren Angabe des Cruquius' der vetustissimus *agyieu* gehabt haben soll (edit. 1565 p. 73). *Agyieu* ist die einzig mögliche Lesart, griechisch Ἀγυιεύς; speciell hat ohne Zweifel wieder Euripides den horazischen Ausdruck veranlasst, Phoeniss. 631: Καὶ σὺ Φοῖβ'ἄναξ Ἀγυιεῦ. So steht in a π Pph.; *agyeu* in B', *agieu* in L. F λ' haben *agyleu*, diess ist als Urlesart der III. Classe exclus. π'-Familie anzusehen. In der π-Familie haben wir *agyieu* π, *agieu* L; R a' haben *agileu* mit der ersten Classe (A γ). Als Urlesart des Archetyps ergibt sich *AGYIEU*, wobei durch die kleinste Veränderung, durch ein zufälliges Ausgleiten der Feder unten an dem *I* die andere Lesart *Agyleu* sich bilden konnte. Die späteste Phase zeigt *agileu* an, was jedenfalls aus *agyleu*, vielleicht beim Dictiertschreiben, entstanden ist. Die beste Lesart haben also a B' Pph. = II. Classe exclus. λ', möglicherweise also, aber keineswegs sicher, Mavortius; denn gerade die Handschriften mit der subscriptio haben sämmtlich ein *l*. Ferner haben die beste Lesart L π, die nächstbeste haben F λ', die schlechteste A γ R ı' Acr.' und ζ' u'. Die I. Classe dürfte einmal wieder durch die pseudoacronischen Scholien in unrichtiger Weise beeinflusst worden sein. Die II. Classe nebst der von der I. und III. Classe unabhängigen, also wohl ursprünglichen Partie der π'-Familie hat das richtige *agyieu*.

### IV 8.

11. *Gaudes carminibus; carmina possumus*
    *Donare et pretium dicere muneri.*

12. *muneri* alle unsere Handschriften, auch Pph.' und Ac. *muneris* steht in μ als Variante und in einigen werthlosen codd. Lambin's und Vanderbourg's. Der Dativ des Archetyps ist ganz richtig; es ist die technische Construction, vgl. Plaut. mil. III 1, 133: *merci pretium statuit*. Terent. Heauton. prol. 48: *Pretium statui arti meae*. Hor. serm. II 3, 23: *Callidus huic signo ponebam milia centum*. Senec. epist. XIII 2 (87) 18: *Quis pleno sacculo ullum pretium ponit, nisi quod pecuniae in eo conditae numerus effecit?* Tacit. ann. III 40: *Cum id rarum nec nisi virtuti pretium esset*. Liv. XXIV 15: *Capita hostium pretia libertati facta*. Was die schlechtest bezeugte Variante *muneris* zu *muneri* betrifft, so vgl. c. III 3, 53 die falsche Variante

*mundi* zu *mundo*. Die Lesart *muneris* empfiehlt sich auch desswegen sehr wenig, weil zwischen zwei mit *s* schliessenden Verspaaren dann noch ein fünfter mit *s* schliessender Vers eingeschoben würde.

13. *Non incisa notis marmora publicis,*
*Per quae spiritus et vita redit bonis*
15. *Post mortem ducibus, non celeres fugae*
*Reiectaeque retrorsum Hannibalis minae,*
17. *Non incendia Karthaginis impiae*
*Eius, qui domita nomen ab Africa*
19. *Lucratus rediit, clarius indicant*
*Laudes, quam Calabrae Pierides: neque*
21. *Si chartae sileant quod bene feceris,*
*Mercedem tuleris.*

15. *celeres fugae — celeris fuga*]. Letzteres bloss in A'Bλ' (C fehlt), also in der II. Classe (Mavortius). Die aus den Stammcodices der I. und III. Classe erschliessbare Lesart des Archetyps war ohne allen Zweifel *celeres fugae*, was auch bei gleichem Stimmverhältniss als lectio difficilior den entschiedenen Vorzug verdienen würde. *Celeris fuga* ist eine Correctur des Mavortius, um den ungewöhnlichen Pluralis von *fuga*, vielleicht auch den dreimaligen Versschluss auf *ae*, zu vermeiden; dabei kann auch die Reminiscenz an *celerem fugam Parthi* c. II 13, 17 bei Mavortius eingewirkt haben.

17. Dieser Vers hat die meiste Anfechtung im ganzen Horaz gefunden. Es drängt sich dabei ein äusseres und ein inneres Bedenken auf. Das Äussere besteht in der Vernachlässigung der Diärese: allein das Gleiche kommt (wenn auch zufällig nicht mehr in den wenigen ganz gleichartigen Gedichten c. I 1, III 30) denn doch auch sonst in asclepiadeischen vor: c. I 18, 16: *per, lucidior*, vgl. auch c. II 12, 25: *de | torquet;* und hier liegt im Eigennamen eine ganz besondere Entschuldigung, vgl. c. III 24, 4.[1] Auch bei Sappho fr. 56 **Bergk** haben wir:

Φαῖσι δή ποτα Λή̣δαν ὐακίνθινον.

---

[1] Ausserdem vgl. gerade in Beziehung auf Vernachlässigung von Diärese oder Cäsur folgende Analogie. L. Müller (welcher hier selber, dem

Der innere Grund zum Anstoss besteht darin, dass der Brand, die Zerstörung Karthagos nicht ein Werk des älteren, gegen Hannibal kämpfenden und von Ennius besungenen Africanus war, sondern ein Werk des jüngeren Africanus. Somit liegt eine Verwechslung des älteren und jüngeren Africanus vor. Diese kommt aber auch sonst vor: bei Polyaen VIII 16 (Hertz in Fleckeisen's Jahrbüchern 97, 571). Und Polyaen ist ein geschichtlicher Schriftsteller, ein Quellenschriftsteller für antike Geschichte, Horaz aber ist ein Dichter und zwar einer, der serm. I 9, 51 selber darauf anspielt, dass er auf doctrina weniger Anspruch mache, als z. B. Vergil. Auch Lucian dialog. mort. 12 nennt den Sieger von Zama als καθελών von Karthago, confundiert also ganz in der gleichen Weise, wie hier Horaz die beiden Scipionen, indem er die beiden grössten Heldenthaten, die Besiegung Hannibals und die Zerstörung Karthagos, Einem zuweist. Noch einmal findet sich bei Horaz selbst die gleiche Verwechslung beider Scipionen serm. II 1, 71 ff., wo ihm offenbar das vorschwebt, was Cicero vom älteren Africanus sagt: offic. III. §. 2: *Ille enim requiescens a reipublicae pulcherrimis muneribus otium sibi sumebat aliquando et e coetu hominum frequentiaque interdum tamquam in portum se in solitudinem recipiebat.* Ebenfalls eine Verwechslung zweier Scipionen dürfte jener Erzählung aus dem zweiten punischen Kriege bei Livius XXIX 14 zu Grunde liegen. *Haud parvae rei iudicium senatum tenebat, qui vir optimus in civitate esset; veram certe victoriam eius rei sibi quisque malle quam ulla imperia honoresve suffragio seu patrum seu plebis delatos. P. Scipionem Cn. filium* (den Sieger bei Zama) *eius, qui in Hispania ceciderat, adulescentem nondum quaestorium iudicaverunt in tota civitate virum bon(or)um optimum esse.* Diese feierliche Erklärung: *Scipionem ,optimum esse virum'* hat ohne Zweifel in Wirklichkeit einen ganz anderen, unbedeutenderen Scipio betroffen und ist erst von diesem durch eine den Schriftstellern aufzubürdende

---

Strome der ‚grossen' Kritiker folgend, eine Interpolation sieht) sagt p. LVII der Praefatio zu seiner Textausgabe des Horaz: ‚Notandum tamen Flaccum in satiris et epistulis saepe admittere hephthemimerim sine trithemimeri . . . Talia numquam in iambis ac melicis reperiuntur, nisi semel iniecto nomine proprio (c. I 28, 29): Ab Iove Neptunoque sacri custode Tarenti'.

Confusion auf den Sieger von Zama übertragen worden. Ursprünglich bezog sie sich auf L. Scipio, den Sohn des Barbatus, vgl. die Inschrift seines Sarkophags C. I. L. I nr. 32: *Honc oino ploirume cosentiont R(omai) duonoro optumo fuise viro Luciom Scipione.* Beide Brutus werden verwechselt bei Servius ad Verg. Aen. III 67. Bei Horaz selbst haben wir noch andere historische Irrthümer. Was er von Thespis sagt a. p. 276, ist unhistorisch, und in der Erzählung von Lucullus epist. I 6, 40 macht er sich grosser Uebertreibung schuldig. Geographische Verstösse finden sich bei Tacitus und Anderen, z. B. Agric. 14: *Mona = Anglesey* statt = *Man.* Gegen die Naturgeschichte vergeht sich Horaz und ohne Zweifel schon sein Original in epist. I 7, 29. Es ist zwar übertrieben, wenn man in moderner Zeit schon gesagt hat: 'Dichter haben das Privilegium, sich nicht um Thatsachen kümmern zu dürfen', oder wenn man, was auf das ziemlich Gleiche hinauskommt, mit Glareanus die τύχας beider Scipionen als poetische Licenz erklärt. Aber ehe man zu Interpolationshypothesen schreitet, dürfte man sich allerdings vergegenwärtigen, dass selbst den gebildetsten Dichtern aller Zeiten Aehnliches passiert ist, wie hier dem Horaz. Wie alt ist Hermann in Goethe's 'Hermann und Dorothea'? Niemand hält ihn für jünger als fünfundzwanzig Jahre. Und doch erzählt die Mutter, es sei an einem Montag Morgen vor nunmehr zwanzig Jahren gewesen, dass der Vater ihr seine erste Liebeserklärung gemacht habe. Und dieser Anachronismus ist nicht der einzige. Die Mutter geht durch Garten, Feld, Weinberg und sieht die Fülle der Trauben, unterscheidet auch bereits die reifenden der einzelnen Sorten. Gleich darauf wird erwähnt, dass die Ernte folgenden Tages anheben solle; Juli und September (wenigstens Ende August) sind verwechselt. Der als Shakespearekritiker berühmte Rümelin schliesst diese in seinen Reden und Aufsätzen niedergelegten Beobachtungen mit folgender Warnung. S. 386: 'Wenn unter den denkbar günstigsten Umständen einer dichterischen Composition derartige Widersprüche und Mängel sich dauernd einnisten können, was müssen wir dann für möglich halten in Schriftwerken oder Dichtungen, die noch von jugendlichen, minder welterfahrenen Autoren verfasst, . . . aus dunkleren Zeitaltern stammen, dem Verfasser nie gedruckt und übersichtlich vor

Augen lagen? Die Philologen beachten diess nicht genug; sie schliessen zu leicht und rasch auf falsche Lesarten, Verschiedenheit der Verfasser, oder suchen sie das Widersprechende durch künstliche Mittel in Einklang zu bringen'. — Man hat an unserer Stelle schon alle drei Mittel sattsam versucht; man hat Conjecturen gemacht, *in dispendia* (G. Hermann), oder *impendia* (Cuningham), oder *stipendia* (Döring und Alfr. Wiedmann), statt *incendia*: Niemand hat aber eine dieser wohlgemeinten Aenderungen meines Wissens in den Text aufgenommen; sie haben auch ausserordentlich wenig Bestechendes oder gar auf die Dauer Ueberzeugendes. Den zweiten Ausweg, Annahme verschiedener Verfasser (Interpolation), haben wir schon erwähnt; ihn haben Bentley, Buttmann, Bernhardy, Lachmann, Meineke, Haupt, Linker, Martin, L. Müller, Prien, Schütz, Nauck, Conrads und Andere eingeschlagen. Auch das letzte Mittel, das bei der Bibelexegese früher so gewöhnlich war, ‚das Widersprechende durch künstliche Mittel in Einklang zu bringen', ist hier versucht worden, besonders von Orelli, welchem Dillenburger, Düntzer und Andere beipflichten. Man sagt, die Ungenauigkeit sei nicht so gross; Horaz verwechsle bloss das Verbrennen der Schiffe und des Hafens mit einem Verbrennen der Stadt Karthago selbst. Allein man kann das Verbrennen einiger zum Hafen gehöriger Gebäude kaum ein ‚Verbrennen des Hafens' nennen, der doch hauptsächlich aus unverbrennbaren Steindämmen nebst dem dadurch eingeschlossenen Wasser besteht. Und das Verbrennen der Flotte Karthagos mit dem weltberühmten wirklichen Brande Karthagos in der Stunde seines Todeskampfes zu verwechseln, das bliebe immer noch ein starker Irrthum. Es bleibt pure Unnatur und Spitzfindigkeit, die *incendia Karthaginis* (man beachte auch den Pluralis, etwa unser ‚Riesenbrand' — es war ein Brand wie der von Hamburg) auf die Vernichtung der punischen Flotte im Hafen Karthagos zu beziehen. Wie Napoleon und der Brand von Moskau, Tilly und die Eroberung von Magdeburg, Mummius und die Zerstörung von Korinth u. s. w. zusammengehören, so auch Scipio Aemilianus und der Brand von Karthago. Aus ‚Scipio und dem Brande von Karthago' den älteren Scipio und seine Verbrennung der karthagischen Flotte herauszudemonstrieren, weil diese Deutung den betreffenden Schriftsteller von einem Vorwurfe befreit, der jedenfalls

auch andere Schriftsteller des Alterthums trifft, das halte ich
für eine unwahre, unwissenschaftliche Art der Interpretation.
Geben wir ruhig den historischen Irrthum des Horaz zu: als
Dichter bleibt er dennoch gross. Der dritte und schwächste
Einwand gegen V. 17, übrigens nicht gegen diesen allein und
speciell, wird erhoben auf Grund des Vierzeilengesetzes. Diese
Meineke'sche These ist für Manche ein Dogma geworden, an
dem zu rütteln die grösste Ketzerei ist. Doch haben sich auch
schon sehr entschiedene Stimmen dagegen hören lassen, z. B.
Düntzer, Einleitung zu seiner Horazausgabe S. 18. Und mindestens für das IV. Buch der Oden, das sich ja in mehreren
Aeusserlichkeiten wesentlich von den ersten drei Büchern unterscheidet, ist das Gesetz durchaus unbewiesen (siehe J. Häussner,
de Hor. c. IV 8, Programm des Gymn. zu Freiburg im Br.
1876). Da sich unser Gedicht zwar mit zwei, aber nicht mit
vier dividieren lässt, so hat man versucht, 2, 6, 10, 14 Verse
auszuwerfen oder auch (an verschiedenen Stellen) zwei Verse
einzuschieben. Diess sind lauter gewaltthätige und werthlose
Manipulationen. Häussner a. a. O. führt aus, dass auch weder
bei dem Metriker aus der Zeit Neros, Caesius Bassus, eine
Spur des Meineke'schen Gesetzes sich zeigt, noch dass in den
lyrischen Partien der Tragödien Senecas, trotz der vielen An-
klänge an Horaz, ein Vierzeilengesetz zu Tage tritt. Wenn
man endlich sogar in einigen Ueberschriften der horazischen
Oden die Zufügung des Wortes *Tetracolos* als ein urkund-
liches Zeugniss für das Vierzeilengesetz hat nehmen wollen
(Usener im Rhein. Mus. XXIV 343), so dürfte daran bei
näherer Betrachtung nichts Stichhältiges bleiben, als dass in
c. IV 7 der Urheber der Mavortiana (A' B λ'), also vielleicht
Mavortius selbst oder der Copist des Stammcodex entweder
durch einen Schreibfehler *tetracolos* statt *dicolos* gesetzt hat,
oder dass jener Mann wirklich c. IV 7 in vierzeilige Strophen
zerlegt hat. Mir ist die erstere Annahme, die eines Schreib-
fehlers, wahrscheinlicher. Hier in der achten Ode fügt der
gleiche Mann (A B' λ') das richtige *monocolos* bei, während in
der 1. Classe (α γ) *tetracolos* zugefügt wird; letzteres ist ein
entschiedener Irrthum, Verschreibung für *monocolos;* denn es
liegt weder die geringste Spur, noch der geringste Schatten
von Wahrscheinlichkeit vor, dass (selbst eine Interpolation

zweier Verse angenommen) noch im Archetyp der I. Classe unsere Ode sich mit vier hätte dividieren lassen. Wir werden also gut thun, auf jenes ‚urkundliche Zeugniss' für das Meineke'sche Gesetz kein besonderes Gewicht zu legen. — Was die Verdächtigung der ganzen achten Ode durch Kiessling, commentatio Horatiana de carm. IV 8, betrifft, so schliesse ich mich den abwehrenden Kritiken von J. Häussner a. a. O. und von Fritzsche in Bursian's Jahresbericht 1876 II S. 232 f. vollständig an. Letzterer sagt unter Anderem: ‚Es liegt, wie Häussner klar macht, gar nichts Zwingendes vor, warum bei den Worten *marmora incisa notis publicis* durchaus an Statuen zu denken sei, welche Augustus setzen liess'.

18. Auch an *eius qui* hat man unberufener Weise Anstoss genommen und den Ausdruck für unpoetisch und unmöglich horazisch erklärt. Man wollte eben Gründe finden, um die Verse *non — rediit* (15 med. — 19 med.) auszuwerfen. Horaz gebraucht *is* in den Oden zweimal, hier und c. III 11, 18. In den serm. und epist. dreissigmal, und zwar *is qui* epist. I 1, 65. *eum qui* serm. I 3, 80. 4, 88. *id quod* serm. II 3, 177, epist. I 1, 24. *eo quod* serm. I 4, 108. *ea quae* epist. I 1, 47. II 1, 81. Auch andere Dichter scheuen sich nicht vor der Verwendung von *eius*; so Ovid. trist. III 4, 27. Senec. Thyest. 300. Sehr ähnlich ist auch c. IV 9, 51 *non ille*.

### IV 8, 25.

25. *Ereptum Stygiis fluctibus Aeacum*
    *Virtus et favor et lingua potentium*
27. *Vatum divitibus consecrat insulis.*

Statt *Aeacum* hat die III. Classe exclus. λ' u' und R π *aequum* (F ε' L b ρ₁ Turic.), ein Beweis, wie Formen mit *cu* in *qu* verwandelt wurden. Mit dem Gerechten, welcher den Fluthen der Hölle entrissen wird (*idest quemquam hominem iustum* erklärt gloss. p), vgl. die ähnlichen klösterlichen Varianten, die zu c. IV 6, 14 aufgezählt sind.

28. *Dignum laude virum Musa vetat mori.*

28. Diesen eine abgeschlossene Sentenz bildenden Vers werfen Viele aus, welche eben gerne irgend einen Vers des

Gedichtes aus einem gewissen mitgebrachten Grunde vertilgen möchten: Lachmann, Haupt, Conrads, L. Müller, Nauck u. s. w. An sich ist der Vers durchaus unschuldig, d. h. ohne wirkliche Handhabe für eine Unechterklärung; er passt ganz gut in den Zusammenhang. Seine Ankläger nennen ihn pleonastisch. Vgl. aber z. B. c. I 28, 15 f.: *Sed omnis una manet nox et calcanda semel via leti* und V. 19 f.: *Nullum saeva caput Proserpina fugit.* Wer will einem Dichter je und je üppige Fülle des Ausdrucks verbieten?

29. *Caelo Musa beat. sic Iovis interest*
*Optatis epulis impiger Hercules,*
31. *Clarum Tyndaridae sidus ab infimis*
*Quassas eripiunt aequoribus rates,*
33. *Ornatus viridi tempora pampino*
*Liber vota bonos ducit ad exitus.*

33. Dieser Vers wird aus den gleichen, keineswegs im Verse selbst liegenden Gründen für unhorazisch erklärt von Lachmann, Haupt, L. Müller und Anderen. Er soll eine Wiederholung von c. III 25, 20 sein: *cingentem viridi tempora pampino.* Horaz wiederholt sich aber nicht ungerne, vgl. c. I 12, 3 *iocosa imago* und I 20, 6. I 1, 17 *rates quassas* und in unserer Ode V. 32. c. III 17, 4 *memores fasti* und c. IV 14, 4 (Ritter). Durch Auswerfung von V. 33 wird Bacchus seines Epithetons beraubt, das ihm so gut gehört, als den Tyndariden und dem Hercules die ihrigen *(clarum,* nämlich *sidus,* und *impiger).* Auch haben Hercules und die Tyndariden je zwei Verse, also verlangt die Concinnität auch für Bacchus zwei Verse. Auch ist der Vers als Andeutung der typischen Darstellung des Gottes in Plastik und Malerei — also als plastisches Element — ganz der horazischen Dichtweise entsprechend.

34. *ducit — duxit*]. I. und III. Classe *ducit,* II. Classe (A' B λ' g, also Mavortius) *duxit.* Der Archetyp hatte somit *ducit,* was festzuhalten ist.

IV 9.

13. *Non sola comptos arsit adulteri*
*Crines et aurum vestibus inlitum*

15. *Mirata regalisque cultus*
    *Et comites Helene Lacaena;*
17. *Primusve Teucer tela Cydoneo*
    *Direxit arcu; non semel Ilios*
19. *Vexata; non pugnavit ingens*
    *Idomeneus Sthenelusve solus*
21. *Dicenda Musis proelia; non ferox*
    *Hector vel acer Deiphobus gravis*
23. *Excepit ictus pro pudicis*
    *Coniugibus puerisque primus.*

19. *non — nec*] *non* steht in A′ B λ′ g δ′ u L a′ und π pr., *nec* in F R γ v; C D′ M (Mellicensis) fehlen hier. Also ist *nec* entschieden schwächer bezeugt. Dazu kommt, dass das Original der I. Classe (R γ, bisweilen auch F) eine auffallende Vorliebe für willkürliche Einführung von *nec* zeigt. Z. B. c. I 22, 2 *nec* A′ C D′ R M. c. III 5, 27 *nec* γ C τ R M. c. III 11, 43 *nec* γ C τ R M. c. III 21, 19 *nec* γ C τ R M. epod. 16, 52 *nec* a γ M. In diese Reihe fügt sich unser hauptsächlich durch γ R bezeugtes *nec* von selber ein. Es ist also abzuweisen. Hier wollte der Hersteller der I. Classe die einförmigen drei *non* V. 18. 19. 21 durch Abwechselung zwischen *non* und *nec* verbessern. Demnach ein gleicher Hergang wie c. IV 9, 8 bei *Sthenelusve*. Beidemal sind die speciosen Sonderlesarten abzuweisen. Ganz schlagend ist auch die Parallele c. IV 8, 9, wo wir neben *non . . . non* die schlecht bezeugte Variante *non . . . nec* (in δ′ L) haben.

29. *Paulum sepultae distat inertiae*
    *Celata virtus. non ego te meis*
31. *Chartis inornatum sileri*
    *Totve tuos patiar labores.*

31. *sileri — silebo*]. Ich lese hier im Gegensatz zu den meisten Herausgebern *sileri*, weil ich nicht glaube, dass die Aufnahme von *silebo* durch den Sinn durchaus gefordert wird. Schütz nimmt *silebo* auf und sagt: „Es ist wohl bezeichnender. Horaz will nicht schweigen, weil er sonst dulden würde, dass Lollius' Thaten in Vergessenheit geriethen'. *Silebo* ist offenbar eine parallele Variante zu V. 52 *peribit* statt *perire*. *Peribit* und *silebo* werden miteinander stehen und fallen. Nun liest

man ganz allgemein *perire* und weist *peribit* ab; jeder Herausgeber hält *peribit* für falsch oder behandelt es wenigstens so. Also spricht schon ein starkes Moment gegen *silebo*. Ich halte beide Lesarten für absichtliche Emendationsversuche des Mavortius; bei *silebo* mochte er an c. I 12, 21: *Neque te silebo* denken. Die I. und III. Classe haben *sileri*, die II. Classe inclus. Mavortius hat *silebo:* A' B λ' c. Liest man *sileri*, so thut man wohl besser, es nicht mit Bentley zu interpretieren: *Non patiar te sileri meis chartis*, sondern lieber: *Non ego te chartis meis inornatum patiar sileri, hoc est nullam tui apud posteros mentionem esse.*

### c. IV 9, 45—52.

*Non possidentem multa vocaveris*
*Recte beatum; rectius occupat*
*Nomen beati, qui deorum*
*Muneribus sapienter uti*
*Duramque callet pauperiem pati,*
*Peiusque leto flagitium timet,*
*Non ille pro caris amicis*
*Aut patria timidus perire.*

52. *perire — peribit*]. Letzteres bloss in A' B λ', also eine mavortische Lesart. Dass man sie abzuweisen hat, ist schon zu V. 31 bemerkt. Diese auf den ersten Blick unpassende Aenderung von *perire* zu *peribit* ist ein wichtiges Moment zur Schätzung der Sonderlesarten von A' B λ', resp. A' B' λ' oder A λ[1].

### c. IV 10.

1. *O crudelis adhuc et Veneris muneribus potens,*
   *Insperata tuae cum veniet pluma superbiae*
3. *Et, quae nunc umeris involitant, deciderint comae,*
   *Nunc et qui color est puniceae flore prior rosae,*
5. *Mutatus, Ligurine, in faciem verterit hispidam,*
   *Dices ‚heu‘ quotiens te speculo videris alterum,*
7. *‚Quae mens est hodie, cur eadem non puero fuit,*
   *Vel cur his animis incolumes non redeunt genae?‘*

5. *Ligurine* soll in zwei Handschriften des Torrentius stehen, statt des in allen unsern Handschriften überlieferten *ligurinum;* nur in δ stehen die Buchstaben *rinu* von zweiter Hand auf Rasur; doch wird das nichts für *ligurine* bedeuten. Man erwartet aber entschieden eine Anrede. Auch kann man, sagt Bentley, schwerlich logisch richtig sagen: die Purpurfarbe der Wangen verwandelt, verändert den *Ligurinus* in ein struppiges Antlitz, wohl aber: die Purpurfarbe deiner Wangen verwandelt sich u. s. w. Auch Düntzer erklärt die Anrede für durchaus nothwendig; wenn er aber dann fortfährt, das besser bestätigte *Ligurinum* sei unpassend, so hätte er vielmehr sagen sollen, dass es die allein sicher überlieferte Lesart ist. Entstanden ist dieser Fehler des Archetyps durch oberflächliche Construction, indem man glaubte, zu *verterit* gehöre ein Objectsaccusativ. Vgl. den Fehler *non ante versum* für *verso* c. III 29, 2. Torrentius-Bentley's Besserung ist somit anzunehmen.

6. *te speculo* — *te in speculo*] *te in speculo* A' B λ' g, (also Mavortius,) Lambin, Bentley, Obbarius, Schütz und Andere; *te speculo* I. und III. Classe. In poetischer Sprache wird bei *speculo* und *speculis in* häufig weggelassen, so Lucret. IV 96. Ovid. a. a. III 681. Martial. II 66, 3. *speculo* wird dabei als Instrumentalis gefasst. Daher natürlich Verg. ecl. 2, 25: *Me in litore vidi.* Prosaisch steht *in speculo* Cic. in Pison. 29, 71 und schol. m zu epist. I 5, 23: *Significat se habere vasa argentea et discum argenteum, ubi imaginem suam quasi in speculo videat.* Darum erklärt schol. m unsere Stelle hier durch Ellipse von *in:* ‚*te speculo*] *in*'. Das schlecht bezeugte, prosaische *te in speculo* ist auch desswegen unmöglich, weil im IV. Buche keine langen Vocale elidiert werden, ausgenommen c. 1, 35 f. *decoro Inter* und etwa 3, 24 *spiro et*, wo aber das *o* in *spiro* als anceps oder kurz anzusehen sein dürfte. Es ist also die besonders durch Bentley's Schild gedeckte mavortische Lesart *in* abzuweisen. Vgl. auch c. I 9, 23 die Interpolation von *a* bei *lacertis* in β, ebenso von *a* bei *capellis* in δ corr. c. I 17, 3.

## IV 12.

13. *Adduxere sitim tempora, Vergili.*
 *Sed pressum Calibus ducere Liberum*

15. *Si gestis, iuvenum nobilium cliens,*
    *Nardo vina merebere.*

16. *merebere — mereberis*] *merebere* I. und II. Classe, Mavortius (A λ´ σ g) und von der III. Classe noch ε. Sonst ist über die III. Classe die grammatisierende Aenderung *mereberis* verbreitet. In δ steht *merebris;* diess ist ohne Zweifel entstanden aus *merebere*, wobei der unter *re* befindliche Tilgungsstrich von einem ungelehrten Schreiber als auch für das vorhergehende *e* giltig angesehen wurde. Dass *ris* darüber geschrieben zu werden pflegte, sehen wir z. B. serm. I 2, 91, wo wir in R lesen: *contemplere*, *ris* von zweiter Hand darüber geschrieben. Pseudoacron erklärt: ‚*Merebere*] *mereberis'*. *Mereberis* ist also einfach eine grammatisierende secundäre Lesart. Der Archetyp bot *merebere*, die poetischere, seltenere, gewähltere Form. Dass diese Form zu poetisch-rhetorischer Wirkung verwendet wurde, dafür ist wohl das bekannteste Beispiel der Anfang der ersten catilinarischen Rede Ciceros: *Quousque tandem abutere, Catilina, patientia nostra?*

### IV 13.

17. *Quo fugit venus heu, quove color? decens*
    *Quo motus? quid habes illius, illius,*
19.    *Quae spirabat amores,*
    *Quae me surpuerat mihi,*
21. *Felix post Cinaram, notaque et artium*
    *Gratarum facies? sed Cinarae brevis*
23. *Annos fata dederunt,*
    *Servatura diu parem*
25. *Cornicis vetulae temporibus Lycen,*
    *Possent ut iuvenes visere fervidi*
27. *Multo non sine risu*
    *Dilapsam in cineres facem.*

28. *Dilapsam — Delapsam*]. Nach den Parallelstellen ist *Dilapsam* vorzuziehen. Vgl. Lactantius II 4, 5: *Tecta consumpta incendio dilabuntur in cineres.* XIII 13, 3: *In cineremque dilapsam.* Lucil. Aetn. 421: *In cinerem putresque iacet dilapsus*

*harenas.* Hier bei Horaz sind beide Lesarten gleich gut bezeugt, *delapsam* in den Handschriften besser, *dilapsam*, was nur in der III. Classe (ohne R λ') steht, in den Scholien. Wo es sich um die ausserordentlich häufige Verwechslung von *i* und *e* handelt, müssen Sprachgebrauch und Sinn entscheiden. Dass der erstere für *dilabi* ist, sahen wir an den angeführten Beispielen. Der Sinn ist richtig entwickelt von Gesner: *Dum fax paulatim consumitur, dilabuntur, disperguntur cineres:* Wie die Fackel zu Asche zerstiebt, so verlöschen alle ihre Reize! Man sieht dass der Plural *cineres* sehr passend gewählt ist. Nauck zieht *in cinerem facem* wegen des Reimes, der Handschriften und des Sprachgebrauches vor; *cinerem* ist aber sehr schlecht bezeugt und gibt sich deutlich als Interpretationsglossem (schol. Γ interpretieren unter Anwendung der Phrase *in cinerem*). Bloss δ' und Turic. haben *cinerem*. Alle andern Handschriften und Acr. und Porphyr. und schol. F λ haben *cineres*, was also ohne alle Frage im Archetyp gestanden hat. Dass der Sprachgebrauch keineswegs gegen *in cineres dilabi* ist, zeigen die zuerst citierte Lactantiusstelle, Ovid. met. II 628, Verg. Aen. VI 226, Valer. Max. V 3.

### IV 14.

1. *Quae cura patrum quaeve Quiritium*
   *Plenis honorum muneribus tuas,*
3.    *Auguste, virtutes in aevom*
      *Per titulos memoresque fastus*
5. *Aeternet, o qua sol habitabilis*
   *Illustrat oras, maxime principum?*

4. *fastus — fastos*] I. und II. Classe Mavortius (A l g und λ corr.), nebst F R z π α' Tur. sind für *fastus*, ebenso λ corr. *Fastos* haben δ₁ λ pr. u' L ρ ς s Ac. der Codex des Victorinus de metris Horatii p. 181 bei Keil hat leider nur *fa'*. Gleich nach *titulos* folgend ist *fastos* für den Abschreiberstandpunkt die lectio facilior. Da also *fastus* hier besser bezeugt ist, so vermuthe ich, dass es von Horaz der Abwechslung wegen gewählt worden ist, weil *titulos* vorhergieng. Gewiss aus gleichen Rücksichten auf Tonfall und Wortklang sagt er z. B. das einemal: *Argeus* c. II 6, 5, das anderemal *Argivus* c. III 16, 12. Pph.' hat *fasces*, wieder eine falsche Variante. Die Form *fastus*

statt *fastos* wird durch Priscian VI 72 gerechtfertigt. Auffällig bleibt es immerhin, dass Horaz hier *fastus*, dagegen c. III 17, 4 *fastos* (und IV 13, 15, wo eine Aenderung nicht denkbar ist, *fastis*) gesagt haben soll. Dennoch wird man sich hier für *fastus* entscheiden müssen. Horaz' Nachahmer Claudianus de IV cons. Honor. 155 hat nach cod. G auch den Accusativus *fastus*.

5. *sol — lux*] *lux* II. Classe A'λ': B und C fehlen, die andern Handschriften haben *sol*, was somit als archetypische Lesart anzusehen ist. *Lux* ist eine mavortische Lesart, eine mir neben dem gleichfolgenden *Illustrat* ziemlich unbegreifliche Aenderung, parallel dem noch unfasslicheren *inpressa cupressus Euro* statt *inpulsa* c. E. c. IV 6, 10. Mavortius scheint eben im IV. Buche und in den Epoden etwas zu viel und zu leicht emendiert zu haben.

17. *Spectandus in certamine Martio*
    *Devota morti pectora liberae*
19. *Quantis fatigaret ruinis,*
    *Indomitas prope qualis undas*
21. *Exercet Auster, Pleiadum choro*
    *Scindente nubes, impiger hostium*
23. *Vexare turmas et frementem*
    *Mittere equom medios per ignes.*

24. Statt *medios per ignes*, wie jedenfalls der Archetyp gehabt hat, wollte Bentley *medios per enses*, Hamacher *medios per ictus*. Obbarius zu epist. I 1, 46. Heindorf zu sat. I 1, 39. Bach zu Ovid. met. XIV 109 zeigen, dass die überlieferte Wendung eine sprichwörtliche Redensart zur Bezeichnung grosser Gefahren war. Vgl. besonders den Nachahmer des Vergil und Horaz, Silius Ital. XIV 175 f.:

*Si tibi per medios ignes mediosque per enses*
*Non dederit mea dextra viam.*

derselbe XV 41: *Per medias volitare acies mediosque per ignes.*

25. *Sic tauriformis volvitur Aufidus,*
    *Qui regna Dauni praefluit Apuli,*
27. *Cum saevit horrendamque cultis*
    *Diluviem meditatur agris,*

29. *Ut barbarorum Claudius agmina*
    *Ferrata vasto diruit impetu,*
31. *Primosque et extremos metendo*
    *Stravit humum, sine clade victor.*

28. meditatur — minitatur]. Eine uralte Variante, hinsichtlich der auch die Gelehrten des Alterthums auseinandergehen. Servius citiert wiederholt zu Georg. III 153 und zu Aen. IV 171 *meditatur;* Nonius p. 218 ed. Quicherat las offenbar *minitatur*, denn seine Handschriften haben *minatur;* schol. I' las *meditatur: melius dixisset facit quam meditatur*. Diess ist aus Porphyrion, welcher bietet: *male dixit meditatur* (so ist natürlich mit Fabricius zu lesen, besonders wegen *condiscere*, nicht — mit W. Meyer — *minitatur), quia in ipso actu est nec debet cogitare aut condiscere id quod iam facit*. Mavortius (A λ' g σ) las *minitatur*. Die I. Classe der Horazhandschriften hatte *meditatur* (a γ R), die III. (F δ' u' und π') und die Horazhandschrift, welche auf die Lemmata Porphyrions von Einfluss war, hatte *minitatur;* in der π'-Familie waren beide Lesarten nebeneinander: *minitatur* π' b, *meditatur* R α. Kurz es scheint, wie gesagt, eine uralte Variante vorzuliegen, die vielleicht schon im Archetyp gestanden hat. Sehr schade, dass die B C-Familie fehlt, so können wir also nur an die übrigen Handschriften uns haltend aussprechen: I. Classe *meditatur*, III. Classe nebst u' und Mavortius *minitatur*. Porphyrio und Servius *meditatur*, Nonius *minitatur*. Vergleichen wir die Variante *mollivit — mollibit* c. III 23, 19, so lässt sich nicht ohne weiteres behaupten, dass *minitatur* besser bezeugt sei als *meditatur*, sondern es fragt sich nun, da die Ueberlieferung an sich keine Entscheidung gibt, ob der Sinn oder der Sprachgebrauch mehr für *minitatur* sprechen oder für *meditatur*. Dem Sinne nach dürften beide Worte gut passen: *meditari* wegen der Parallelstellen von den Stierkämpfen, wo *meditari* terminus technicus ist von dem, was der zur höchsten Wuth gereizte Stier Tückisches und Boshaftes im Schilde führt, von seinem Benehmen, wenn er sich anschickt, um in rasender Wuth auf den Gegner loszubrechen: Verg. Aen. X 455: *meditantem in proelia taurum*. Sil. It. V 315: *pugnas meditantem (taurum) spectat harena*. Gewiss passt das Wort hieher, wo von der

Zerstörung die Rede ist, welche der *tauriformis Aufidus* anrichten will, und es erklärt sich so auch sehr ansprechend, warum Horaz dem *Aufidus* hier das Beiwort *tauriformis* gegeben hat. Aber auch *minitari* passt gut (vgl. z. B. Valerius Maxim. V 2 von Coriolan: *Funus ac tenebras Romano imperio minantem),* weil es mindestens ebenso stark, vielleicht stärker, handgreiflicher ist, als *meditari.* Doch *minitari* bleibt das gewöhnlichere, gemeinere, *meditari* dagegen das feinere, gewähltere, darum auch die lectio difficilior, auf welche gewiss kein Abschreiber aus Oberflächlichkeit oder Nachlässigkeit verfiel, während das schon Porphyrion anstössige und von ihm nicht recht verstandene *meditatur* Anlass zur Abänderung bot.[1] (Vgl. Vibius Sequ. p. 11: *Clanius, Acerrae in Campania, qui cum creverit, pestem terrae meditatur.* Hier wäre also die ganz gleiche Ausdrucksweise wie bei Horaz, wenn wir *meditatur* lesen.

35. *Portus Alexandrea supplex
Et vacuam patefecit aulam.*

35. *Alexandrea — Alexandria].* Priscian bezeugt ausdrücklich die Form auf *ea* und zwar als die weniger gewöhnliche, II 47: „.... *tamen et Alexandrea dicitur. Horatius in quarto carminum:*

*Nam tibi quo die
Portus Alexandrea supplex
Et vacuam patefecit aulam'.*

Die Scholien gebrauchen in ihren Anmerkungen die gemeinere Form *Alexandria,* und so hat diese hier unrichtige Form ziemlich um sich gegriffen. Auch Mavortius hat vielleicht *Alexandria* geschrieben: $\lambda_1$ q haben so, $A_1$ scheint freilich äusserlich betrachtet *alexandre* gehabt zu haben, was aber doch fast zu sinnlos ist: vielleicht stand doch, obgleich ich keine

[1] ‚Profecto meditatur longe non solum exquisitius atque audacius, et sic magis et poeticum et lyricum, sed etiam augustius et gravius, huiusque et carminis et loci maiestate dignius verbum est quam minitatur; quod quidem mature pro interpretamento allitum, et hinc a librariis quorum captui magis conveniret, in contextum illatum fuisse luce clarius est. Omnino haec etiam metaphora est, cum dicitur minitari res inanima; sed nonne multo eadem vulgarior et tritior, quam ubi meditari dicitur? Omnia haec agnoscere noluit Bentleins, ut modo ab aliis discederet.‘ Jani.

Spur davon gesehen habe, ganz ursprünglich *alexandri* wie der
Turic. hat und $a_1$ gehabt zu haben scheint: die Endung *ea*
ist von $a_2$. g hat *alexandrea*. Es bleibt also unsicher wie
Mavortius las. Das ohne Frage horazische *alexandrea* ist erhalten in $R_1 \gamma F \pi' \delta' g$. Es scheint somit, dass Mavortius und
die u'-Familie *alexandria* hatten, die I. und III. Classe dagegen mit Priscian *alexandrea*. B C fehlen. Bei allen Namen
auf εια ist *ea* die richtigere lateinische Endung, vgl. Priscian
a. a. O. Inschriftlich *Alexandrea* und *Alexsandrea* C. I. L.
I 474 aus dem Jahre 693 der Stadt. Ebenso schreiben spätere
Inschriften und Münzstempel.

    49. *Te non paventis funera Galliae*
        *Duraeque tellus audit Hiberiae,*
    51.  *Te caede gaudentes Sygambri*
        *Compositis venerantur armis.*

49. *paventis* — *paventes*] *paventis* R F λ' δ' L u' Turic.
π' β ρ ρ μ h n f Ac. *paventes* A' g γ π pr. s pr. Die Scholien theilen
sich. Man sieht, dass der Archetyp wahrscheinlich *paventis*,
Mavortius wahrscheinlich *paventes* hatte. Wegen des V. 51
folgenden *gaudentes* halte ich *paventis* für die lectio difficilior
vom Abschreiberstandpunkte aus, *paventes* auch wegen des
gleich folgenden *gaudentes* für weniger schön und also weniger
wahrscheinlich dem Horaz zuzuschreiben als *paventis*. Bentley
hat sich ohne überzeugende Gründe für *paventes* entschieden,
die meisten neueren Herausgeber haben stillschweigend *paventis*
in ihren Text gesetzt.

c. IV 15.

Ueber die Zusammengehörigkeit oder Selbständigkeit
der vierzehnten und fünfzehnten Ode sind die Ausleger seit
uralten Zeiten verschiedener Ansicht. Porphyrion bemerkt:
*Quidam separant hanc oden a superiore, sed potest illi iungi,
qvoniam et hic laudes dicuntur Augusti.* Mit dieser letzteren
Ansicht stimmen A B, auch sollte nach Cruquius die Ode ‚*in
codic. manuscrip. adhaerere praecedenti indivisa'*. Alle übrigen
Handschriften behandeln die fünfzehnte Ode als selbständig,
ebenso die Metriker Diomedes p. 527 Keil, Victorinus de
metris Horatii p. 179 Keil und Servius de metris Horatii

p. 470 (vol. IV Keil). Die Ueberschrift *ADDIVVM AVGVSTVM* (in einigen Handschriften wie in R1 ist *ad* und *divum* noch in alter Weise zusammen geschrieben) findet sich in sehr vielen codd., so in a γ R F (also I. Classe), in λ' δ' x' ρ π u (III. Classe). In einigen, wie in a γ λ' u und schol. b, ist noch der Zusatz *TETRACOLOS*. Meinem privaten Gefühl nach beginnt mit *Phoebus volentem* in der That eine neue Ode und es hat somit auch in diesem Punkte die I. und III. Classe recht gegen die II. Der gleichen Ansicht ist die grosse Masse der Herausgeber; nur Nauck schwankt, ob er nicht beide Oden als Eine auffassen solle. Der Zusammenhang wäre im Bejahungsfalle nach ihm folgender: ‚Als ich diese Kämpfe besingen wollte, hat Phöbus es nicht verstattet; aber Deine Zeit, o Cäsar, hat uns die Segnungen des Friedens gebracht und dieser wollen wir uns freuen'. Bei der unleugbaren Verschiedenheit des in beiden Oden behandelten Stoffes und bei dem Fehlen jeder Adversativpartikel zwischen den beiden einander entgegengesetzten Themen (wie ganz anders heisst es z. B. c. II 1, 37:

*Sed ne relictis, Musa, procax iocis
Ceae retractes munera ueniae* etc.),

überhaupt auch bei dem ganzen Tone der ersten Strophe von Ode 15, der unwillkürlich den Eindruck des Beginns einer neuen Ode hervorbringt, kann ich mich durchaus nur für die Trennung beider Gedichte aussprechen.

*. . . Tua, Caesar, aetas*
5. *Fruges et agris rettulit uberes*
   *Et signa nostro restituit Iovi*
7. *Derepta Parthorum superbis*
   *Postibus, et vacuum duellis*
9. *Ianum Quirini clausit . . .*

7. *Derepta — Direpta*]. R hat *Directa*, in u steht *Direpta*, aber *ir* von zweiter Hand, also wahrscheinlich *Decepta* u₁. Alle andern Handschriften haben *Direpta*. Dem Sinne nach passt *Derepta* entschieden besser; *direpta* ist dagegen im höchsten Grade unpassend. Das richtige *derepta* sollen zwei blandinische Handschriften des Cruquius enthalten haben. Wer mag das glauben! Wahrscheinlich hat Cruquius die Stelle

oberflächlich collationiert und das zu Grunde gelegte gedruckte Exemplar hatte zufällig *Derepta*. Von diesem nun hatte sich Cruquius keine Abweichung aus den fraglichen zwei codd. notiert und zog dann fälschlich aus seinem eigenen Stillschweigen den Schluss, die Handschriften haben wirklich *Derepta*. Ueber die häufige Verwechslung von *deripere* und *diripere*, wobei verschiedentlich *deripere*, weil es das viel seltenere Wort ist, als lectio difficilior vom Abschreiberstandpunkte untergieng und *diripere* fälschlich seine Stelle einnahm, vgl. Ribbeck's Beispiele aus Vergil, proleg. p. 402.

       9. *Ianum Quirini clausit et ordinem*
          *Rectum evaganti frena licentiae*
      11.   *Iniecit emovitque culpas*
          *Et veteres revocavit artes* ...

10. *evaganti — et vaganti*]. I. und II. Classe (nämlich A' γ; B' fehlt) nebst π' v und Pph.' *evaganti*. Das dem Sinn nach unmögliche *et vaganti* hat die III. Classe. (R F λ' α' u). Bei dem Corrigieren von *euaganti* in *et uaganti* geschah es, dass von einem Abschreiber, dem Urheber von δ', das *e* sammt dem *et* als getilgt angesehen wurde und er bloss noch schrieb *Rectum vaganti*. In ν und σ₂ finden wir gar *Rectum uagantique*. Diess dürfte die späteste Lesart sein, wie ja auch ν jedenfalls jünger ist als δ' und noch viel jünger als das gemeinsame Original von R F λ' α' u Ac. etc. (nämlich ρ b p f β σ₁ ut vid.). Einen Sinn gibt nur *evaganti*, und diess ist auch für den Abschreiberstandpunkt wegen seiner Seltenheit die lectio difficilior gegenüber von *et vaganti*. Da nun beide Lesarten gleich gut bezeugt sind, so ist *evaganti* als wirkliche Lesart des Archetyps anzusehen. Wie hier in der III. Classe aus *Evaganti Et vaganti* wurde, so epod. 8, 8 aus *Equina Et quina* in γ, epod. 9, 12 aus *Emancipatus Et mancipatus* in C γ λ' L α.

      11. *emouitque* I. (γ und R F) und II. Classe, Mavortius (A λ' cons. g, welches *emonuitq*' hat). *dimouitque* δ' π α' σ und Turic. *dimouit* v. *domuitque* u'. Also ist *dimouitque* als Lesart der III. Classe zu betrachten. Den Uebergang von dem besser beglaubigten *emouitque* zu *dimouitque* zeigt L an mit *demouitque*. Es dürfte somit ein Hörfehler beim Dictieren der Urhandschrift der III. Classe vorliegen; oder aber es ist ein absichtlicher und

nicht so schlechter Versuch, nach dem im vorhergehenden Verse stehenden *evaganti* eine Abwechslung herzustellen durch Abänderung des *emouit* in *dimouit*. Jedoch ist *emovere* entschieden zu halten, es ist ein Lieblingsausdruck des Horaz, den er auch serm. II 3, 28. epist. II 2, 46 gebraucht.

> *Et veteres revocavit artes,*
> 13. *Per quas Latinum nomen et Italae*
> *Crevere vires famaque et imperi*
> 15. *Porrecta maiestas ad ortus*
> *Solis ab Hesperio cubili.*

15. *ortus — ortum*] Letzteres an sich lectio tritior und also facilior und dazu noch sehr schlecht bezeugt ($\mathfrak{z}'\sigma v_2$ und Turic.): dennoch von L. Müller, Schütz und Andern in den Text gesetzt. Vgl. Tibull. II 5, 57 ff.:

> *Roma tuum nomen terris fatale regendis . . .*
> *Quaque patent ortus et qua fluitantibus undis*
> *Solis anhelantis abluit amnis equos.*

Der gleiche poetische Pluralis Ovid. metam. I 779: *Patriosque adit impiger ortus*. Vgl. c. III 5, 52 den Pluralis *reditus* statt *reditum*. Die Behauptung Nauck's: ‚*ortum* zeigt den Ort, *ortus* zeigt Morgenröthen' scheint mir bedenklich.

> 17. *Custode rerum Caesare non furor*
> *Civilis aut vis exiget otium,*
> 19. *Non ira, quae procudit enses*
> *Et miseras inimicat urbes.*

18. *Exiget — Eximet*] exiget (var. *exigit*) $A'\lambda'$, auch g am Rande (Mavortius) und $R\pi'$, ebenso Pph. Porph.' und Ac. Auch gloss Γ (hier gloss. b interlin.) las so, indem es ‚*eiciet*' erklärt. *eximet* γν und F ξ' L u'. Die Bezeugung ist somit fast gleich für beide Lesarten. Die Construction spricht für *exiget*, weil zu *eximet* ein Dativ erwartet wird, vgl. c. II 2, 19. III 14, 14. epist. I 5, 18. Auch ist *exiget* aus ästhetischer Rücksicht vorzuziehen, weil es energischer ist und zu *furor* und *vis* besser passt, als das mattere *eximet*.